AF498569

Mouches volantes und der Weg des Sehens

Bewusstseinsintensivierung, Ekstase und Meditation mit offenen Augen in der Praxis eines Sehers

Floco Tausin

Leuchtstruktur Verlag

ISBN 9783907400319

Copyright © Leuchtstruktur Verlag / Floco Tausin 2022

Druck:
ingramspark.com

Weitere Informationen zum Thema Mouches volantes:
mouches-volantes.com

Further information about the subject of eye floaters:
eye-floaters.info

Inhalt

Einführung

Mitte der 1990er Jahre begegnete ich im Schweizer Emmental einem zurückgezogen lebenden Mann namens Nestor, der einen einzigartigen und provozierenden Anspruch hat: Er sehe seit Jahren dieselbe Konstellation von riesigen leuchtenden Kugeln und Fäden, welche sich in seinem Blickfeld gebildet haben. Diese Kugeln und Fäden würden am Beginn einer durch unser Bewusstsein gebildeten feinstofflichen Struktur stehen, die wiederum unsere materielle Welt hervorbringen würde. Nestor, der sich als „Seher" versteht, führt seine subjektive visuelle Wahrnehmung auf seine jahrelangen Bemühungen um Bewusstseinsentwicklung zurück, welche eine entsprechende Lebensweise sowie Praktiken für die temporäre wie permanente Steigerung der Bewusstseinsintensität umfassen. Durch diese körperlichen und konzentrativen Praktiken hätten sich jene Kugeln und Fäden, die zunächst klein, weit weg und sehr beweglich gewesen seien, nun vergrössert, seien näher gekommen, hätten zu leuchten angefangen, und er könne sie nun mit seinem Blick festhalten. Dort, im Zentrum des Sehens, gebe es eine letzte Kugel, die „Quelle", in die wir Menschen beim Einschlafen und Sterben eingehen würden. Nestor ist davon überzeugt, dass wenn wir Menschen uns schon zu Lebzeiten so weit als möglich dieser letzten Kugel annähern, wir die Möglichkeit haben, mit vollem Bewusstsein in sie einzugehen – und damit den Tod zu überwinden.

Doppelmembranige Mouches-volantes-Kugeln aus der Sicht eines Se-
hers. Quelle: Floco Tausin.

Glaskörpertrübung oder Bewusstseinslicht?

Meine Lehrzeit bei Nestor habe ich im Buch *Mouches Volantes –
Die Leuchtstruktur des Bewusstseins* (2005/2010) ausführlich beschrieben. Als ich diese Punkte und Fäden selbst zu sehen begann,
stellte ich Nachforschungen darüber an. Ich fand heraus, dass dieses subjektive visuelle Phänomen nicht nur bekannt, sondern weit
verbreitet war. Das gesellschaftliche Verständnis dieser Erscheinung weicht allerdings erheblich von Nestors Aussagen ab. In unserer Kultur liegt die Deutungshoheit über diese Erscheinung seit
Jahrhunderten bei der Augenheilkunde. Dort sind die Punkte und
Fäden unter dem Begriff „Mouches volantes" (frz. für „fliegende
Mücken") bekannt. Mouches volantes sind eine entoptische, d.h.

vom menschlichen Sehsystem selbst verursachte Erscheinung. In diesem Fall sind es Trübungen im Glaskörper des Auges, welche die Sicht des Patienten beeinträchtigen. Man erklärt das Phänomen dadurch, dass der Glaskörper mit zunehmendem Alter schrumpft und sich verflüssigt (Syneresis). Teile des feinen Glaskörpergerüstes aus Hyaluronsäure und Kollagen-Fibrillen verklumpen und werfen Schatten auf die Netzhaut, die als vereinzelte bewegliche Punkte und Fäden sichtbar werden. Mouches volantes gelten als harmlos. Der allgemeine ärztliche Rat lautet, sie zu ignorieren. Zur Vorsorge kann auf eine mögliche Netzhautablösung untersucht werden, was insbesondere dann notwendig ist, wenn die Mouches volantes plötzlich von grossflächigen dunklen Wolken („Russregen") und Blitzen begleitet werden.

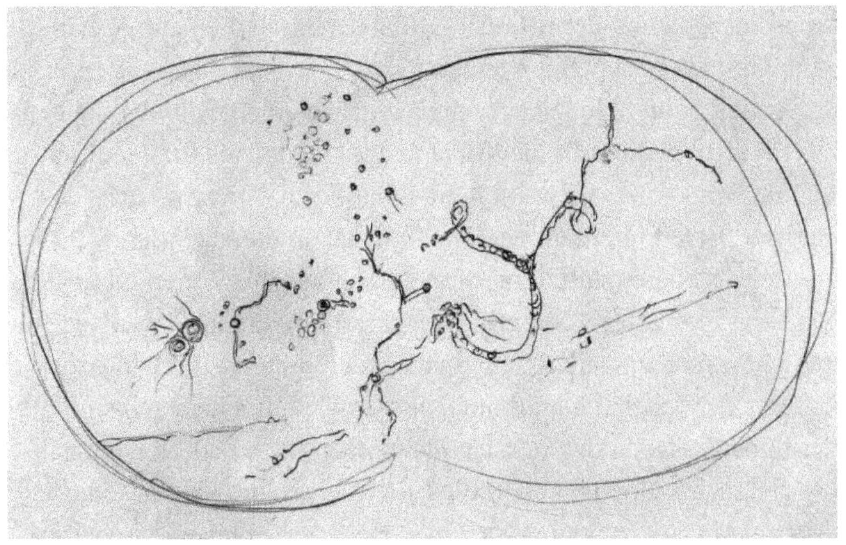

Typische Mouches volantes im Blickfeld. Quelle: Floco Tausin.

Viele Menschen können Mouches volantes sehen, wenn sie sich achten. Für die meisten sind sie lediglich eine Kuriosität, die nicht weiter stört. Es gibt aber auch Menschen, die sich durch die Punkte und Fäden in ihrer Sicht derart beeinträchtigt fühlen, dass sie chirurgische Massnahmen erwägen. Bei der Vitrektomie beispielsweise werden Teile des Glaskörpers entfernt. In der Laser-Vitreolyse hingegen wird versucht, einzelne Fäden durch kurze Laserpulse aufzulösen. Solche Behandlungen sind allerdings riskant und werden von den meisten Ärzten zur Entfernung der harmlosen Mouches volantes nicht empfohlen.

Sind Mouches volantes nun eine Glaskörpertrübung, oder sind sie Bewusstseinslicht? Nestor hat die Mouches volantes als erste Erscheinung dessen identifiziert, was er „Leuchtstruktur" oder auch „Leuchtkugeln" und „Leuchtfäden" nennt und als Bewusstseinslicht versteht. Wenn er damit Recht hat, würde dies eine völlig falsche Einschätzung der Mouches volantes durch die heutige Augenheilkunde bedeuten. Wie kann das sein? Tatsache ist, dass Augenärztinnen und Augenärzte die Mouches volantes in den Augen ihrer Patienten nicht immer erkennen können. Dies trifft nicht nur für den Blick ins Auge mittels Spaltlampe zu, sondern auch für aufwändigere Methoden wie die Ultraschalluntersuchung oder die Optische Kohärenztomographie (OCT). Warum können nicht alle Mouches volantes objektiv festgestellt werden? Von ärztlicher Seite hört man zuweilen, dass manche Trübungen zu klein oder zu nahe an der Netzhaut sind, um sie festzustellen. Demnach sind die verfügbaren Methoden und Geräte einfach noch nicht leistungsfähig genug. Es gibt aber auch die Möglichkeit, dass unter dem Begriff „Mouches volantes" verschiedene Arten von subjektiven visuellen Erscheinungen zusammengefasst werden, und dass eine davon gar keine Glaskörpertrübung ist. Auch wenn tatsächliche Glaskörpertrübungen und die ersten Erscheinungen der Leuchtstruktur auf den ersten Blick ähnlich aussehen, gibt es bei genauerer Betrachtung klare Unterschiede: Erstere werden eher als

Schatten, Schlieren oder Flecken beschrieben, als etwas Dunkles und Unscharfes also. Letztere hingegen sind vereinzelte transparente oder leuchtende Punkte und Fäden mit klaren Konturen. Die Punkte enthalten einen Kern, die Fäden sind mit Punkten ausgefüllt. Erstere können objektiv festgestellt und behandelt werden, Letztere nicht – weil es sich eben nicht um Glaskörpertrübungen handelt. Ich schlage vor, die Leuchtkugeln und Leuchtfäden eher als eine Erscheinung spezieller Zustände des Sehnervensystems zu begreifen, so wie beispielsweise die entoptischen Erscheinungen der Phosphene oder der sog. Formkonstanten. Damit erscheint Nestors Behauptung nicht mehr abwegig, dass die Entwicklung von kleinen beweglichen transparenten Punkten und Fäden, den Mouches volantes, hin zur grossen stabilen Leuchtkugeln und Leuchtfäden eine Frage des Bewusstseins und seiner Entwicklung sei.

Mouches volantes. Quelle: Floco Tausin.

Auf den Spuren der Leuchtstruktur

Seit Jahren versuche ich in Theorie und Praxis nachzuvollziehen, was mich Nestor über die Leuchtstruktur gelehrt hat. Mit meinen bisherigen Erfahrungen kann ich zwar nicht alle seine Behauptungen bestätigen. Aber was ich gesehen habe, kann ich nicht mehr mit der Vorstellung einer „Glaskörpertrübung" oder der Verklumpung von Glaskörperstrukturen vereinbaren. Hingegen

bin ich zur Überzeugung gelangt, dass es sich bei diesen Leucht-
punkten und Leuchtfäden tatsächlich um ein Bewusstseins-
phänomen handelt, dass in Leuchtkraft und Grösse intensiviert
werden kann. Was das genau bedeutet und wo es hinführt – ob es
in dieser Struktur beispielsweise wirklich ein Zentrum mit einem
Ausgang gibt, wie Nestor sagt –, versuche ich herauszufinden.

In dieser Sammlung von früher veröffentlichten und neu überar-
beiteten Texten gehe ich der Frage nach, inwiefern die Mouches
volantes und andere entoptische Erscheinungen als Meditationsgegenstand verwendet werden können. Im Zentrum steht Nestors
Lehre und Praxis des Sehens und der Bewusstseinsintensivierung.
Im Kapitel *Zwischen Innenwelt und Aussenwelt* werden zunächst
vier entoptische Erscheinungen – Nachbilder, Mouches volantes,
Sternchen und Formkonstanten – vorgestellt. Ihre physiologischen
Grundlagen werden ebenso beschrieben wie bestehende spirituelle
Erklärungsansätze und Anwendungen. Vor dem Hintergrund dieser entoptischen Erscheinungen lassen sich Phänomene und Konzepte wie die Aura, das dritte Auge, Bewusstsein, die Lebensenergie, visionäre Reisen oder die geometrische Kunst indigener
Gesellschaften verstehen. Das folgende Kapitel, *Die
Leuchtstruktur aus der Sicht eines Sehers*, beschreibt Nestors
Wahrnehmung und Verständnis der Mouches volantes. Für Nestor
sind Mouches volantes die Leuchtstruktur des Bewusstseins, die
als Konzentrationsobjekt verwendet werden können. Sie sind aber
auch ein Spiegel unserer gegenwärtigen Bewusstseinsintensität
und sowie ein Ausgang aus unserer irdischen Existenz. In
Meditation mit offenen Augen werden grobstoffliche und
feinstoffliche Meditationsobjekte zur Entwicklung des „inneren
Sinns" besprochen. Die vier meditativen Stufen nach Patanjalis
achtgliedrigem Yoga leiten die Meditation mit offenen Augen an
und werden exemplarisch an den Leuchtstruktur Mouches vo-

lantes erklärt. Der Text *Wenn sich die Haare sträuben* erörtert ein Phänomen, das wir als Schauer oder Gänsehaut in bestimmten emotionalen Zuständen kennen, und das in der Liebe und Sexualität, der Musik, der Dichtung und der Spiritualität diverser Kulturen seinen Platz hat. Für den Weg des Sehens nach Nestor ist dieses Prickeln auf der Haut bedeutungsvoll: Wenn grosse Mengen an Energie als Ekstase aus dem Körper strömen, springt dabei die Leuchtstruktur näher und leuchtet intensiver – und wir nähern uns unserer Quelle.

1
Zwischen Innenwelt und Aussenwelt

Erstmals erschienen:
Tausin, Floco (2006): „Zwischen Innenwelt und Aussenwelt. Entoptische Phänomene und ihre Bedeutung für Bewusstseinsentwicklung und Spiritualität".
Schlangentanz 3

Entoptische Phänomene sind abstrakte subjektive visuelle Erscheinungen, deren Ursache innerhalb unseres Sehsystems liegen
– vom Auge über den Sehnerv bis zum visuellen Sehzentrum im
Hirn. Die Betrachterin oder der Betrachter jedoch nimmt sie ausserhalb von sich wahr. Zu den entoptischen Phänomenen gehören
u.a. die Nachbilder, die Mouches volantes (fliegende Mücken),
die Sternchen (*blue field entoptic phenomenon*) und die geometrischen Strukturen (*form constants*). Manche dieser Erscheinungen
kennen wir aus unserem Alltag, andere sind uns fremd.

Solche Phänomene sind spannungsreiche Forschungs- und Meditationsobjekte, denn sie bilden den Schnittpunkt grundverschiedener Aspekte unseres Lebens. Zum einen verbinden sie unsere
Innenwelt und Aussenwelt. Zum anderen sensibilisieren sie uns
für unsere linke und rechte Bewusstseinsseite, da sie mit unserem
linken und rechten Auge korrespondieren. Und schliesslich treffen
sich hier auch wissenschaftliche sowie grenzwissenschaftliche

und esoterische Interpretationen über ihre Natur, Bedeutung und
Anwendung.

Die Wissenschaft versucht solche Phänomene gemäss dem gegenwärtigen Paradigma der Objektivität, Rationalität und Materialis-
mus soweit wie möglich auf physikalisch-optische und physiologische Vorgänge zu reduzieren. Anderseits ist der Bereich des
Subjektiven seit jeher das Arbeitsfeld religiöser und spiritueller
Traditionen. Kein Wunder also, haben aussergewöhnliche subjektive Wahrnehmungen in vielen Gesellschaften eine religiös-
spirituelle Deutung erfahren. Dies gilt nicht nur für Halluzinationen und Visionen, die oft als Offenbarungen eines Geistes oder
Gottes gedeutet wurden, sondern eben auch für abstraktere entoptische Erscheinungen.

Nachbilder

Die Nachbilder sind von den hier vorgestellten Phänomenen diejenige Erscheinung, die am meisten wahrgenommen und erforscht
ist. Der Begriff bezieht sich auf das Nachwirken einer visuellen
Empfindung, wenn der tatsächliche Reiz eines betrachteten Ge-
genstandes nicht mehr vorhanden ist. Das wohl bekannteste Beispiel: Wer ganz kurz in die Sonne blickt und dann die Augen
schliesst, erkennt einen nachglühenden Fleck – das Nachbild der
Sonne. Ein Nachbild erscheint zunächst in derselben Helligkeit
und Farbe wie der betrachtete Gegenstand (positives Nachbild),
wandelt sich dann aber in sein Gegenteil, z.B. grün für einen roten
Gegenstand (negatives bzw. komplementärfarbenes Nachbild).

Eine spirituelle Bedeutung haben Nachbilder in Zusammenhang
mit dem Aura-Sehen erfahren. „Aura" bezeichnet in der Esoterik

den Energiekörper, welcher eine Person umgibt und von sensiblen Menschen als Farbspektrum wahrgenommen werden kann. Die wichtigste Vorstellung über die Aura ist, dass sie Informationen über das Objekt beinhaltet, die sich durch unterschiedliche Farben und Intensitäten in der Aura äussern. Die Aura eines Menschen verrät beispielsweise seinen augenblicklichen Gesundheits- und Gemütszustand, sowie seinen Charakter.

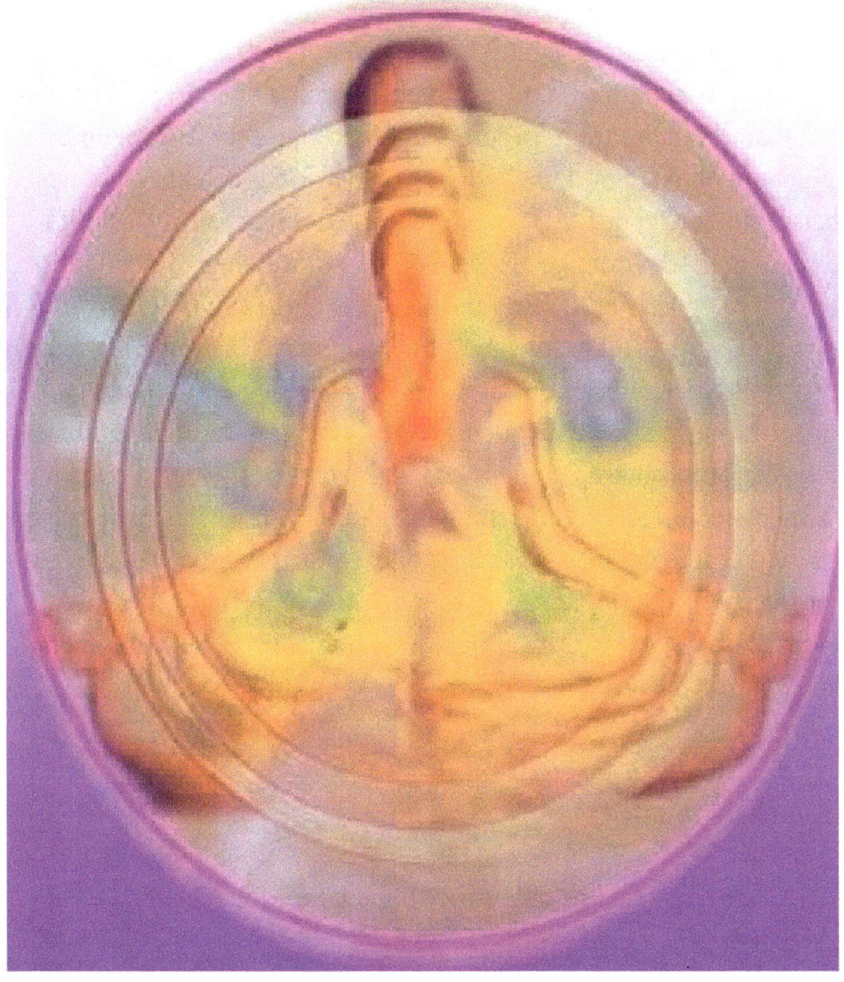

Die menschliche Aura. Quelle: Link[1].

Um die Aura zu sehen muss der/die Übende die Empfindlichkeit der Augen sowie das wahrnehmbare Spektrum über die sichtbaren Wellenlängen hinaus erweitern. Dazu wird die periphere Wahrnehmung – die Wahrnehmung in den Randzonen des Gesichtsfeldes – trainiert, die Beleuchtungszeit verlängert und der Sehvorgang allgemein erweitert durch die verbesserte Kommunikation zwischen linker und rechter Hirnhälfte. Übungen dazu sind etwa das konzentrierte Fokussieren auf einen einzigen Punkt für längere Zeit (Ausdehnung der Beleuchtungszeit), oder das Doppelt-Sehen gewisser Gegenstände (Erweiterung der Kommunikation beider Hirnhälften) durch Schielübungen. Die längere Konzentration auf einen Punkt fördert auf physiologischer Ebene die Entstehung von Nachbildern, welche von den Übenden als Aura des betrachteten Objekts gedeutet werden. Allerdings sind Nachbildeffekte nicht der einzige Vorgang beim Aura-Sehen, denn häufig beschreiben hellsichtige Individuen die wahrgenommenen Auren komplexer, nämlich mehrschichtig, mehrfarbig und bewegend bzw. pulsierend. Solche komplexen Aura-Beschreibungen werden in der Psychologie neben dem Nachbildeffekt gerne mit halluzinatorischen Erlebnissen, neuerdings auch mit Fritz Albert Popps umstrittenen Biophotonen (Lichtquanten, die nachweisbar von Zellen erzeugt und ausgestrahlt werden) oder mit Effekten der Synästhesie (Reizempfindung eines Sinnesorgans bei Reizwahrnehmung eines anderen, z.B. Farbwahrnehmung bei akustischem Reiz) erklärt.

Mouches volantes

Der Begriff „Mouches volantes" (französisch für „fliegende Fliegen" oder „fliegende Mücken") stammt aus der Augenheilkunde und bezeichnet dort die subjektive Wahrnehmung von Trübungen im Gesichtsfeld. In den meisten Fällen gelten diese Trübungen als harmlos und sind nicht therapiebedürftig. Die so genannten harmlosen Mouches volantes, die hier gemeint sind, können als kleine transparente Pünktchen und Fädchen mit klaren Konturen wahrgenommen werden. Sie sind v.a. bei hellen Lichtverhältnissen gut sichtbar, z.B. beim Blick gegen den Himmel oder auf eine weisse beleuchtete Wand. Sie bewegen sich mit unseren Blickbewegungen mit, sind aber insofern auch davon losgelöst, als sie auch dann fliessen, wenn die Augen ruhen, insbesondere nach unten.

Mouches volantes. Quelle: Floco Tausin.

In den 1990er Jahren machte ich im Schweizer Emmental die Bekanntschaft mit einem Einsiedler namens Nestor, der sich selbst als Seher bezeichnet. In der aussergewöhnlichen Weltdeutung und Lebensweise von Nestor spielen die Mouches volantes eine zentrale Rolle. Ihm zufolge ist die Erscheinung dieser Punkte und Fäden das Resultat unserer bisherigen Bewusstseinsentwicklung. Im Laufe von weiteren Fortschritten in diesem Prozess, herbeigeführt durch eine ethische Lebenshaltung, konsequente Leibes- und Atemübungen, sowie erweiterte Bewusstseinszustände, verändert sich unsere Wahrnehmung der Mouches volantes: Amüsieren oder stören sie uns zu Beginn eher als trübe oder transparente, ablenkende Punkte und Fäden, sehen wir sie später als grosse Kugeln und Fäden, auf die wir unsere Konzentration richten und sie damit zum Leuchten bringen.

Das, was wir als Mouches volantes kennen, beschreibt Nestor also als erste Erscheinungen einer leuchtenden, durch unser Bewusstsein gebildeten Grundstruktur. Bewusstseinsentwicklung bedeutet für ihn, einen Weg in dieser Grundstruktur zurückzulegen – einen Weg, der ab einem bestimmten Stadium in der Entwicklung mit dem „inneren Sinn" bzw. mit dem „dritten Auge" direkt gesehen werden kann. Konkret heisst dies, dass wir unsere Mouches volantes allmählich näher und grösser sehen werden, dass wir vertraute Punkte und Fäden hinter uns lassen, während vor uns neue erscheinen. Dieser Weg ist nicht endlos, sondern er beinhaltet eine Reduktion der für uns relevanten Kugeln, bis wir eine ganz bestimmte Konstellation weniger Kugeln sehen können, die Nestor als Ursprung unserer Existenz bezeichnet. An einer dieser Kugeln sind wir fixiert, in sie einzugehen bedeutet, mit dem Gesehenen eins zu werden. Dies ist das Ziel der Seher.

Für Nestor sind Mouches volantes demnach nicht nur ein visuelles Feedback der eigenen Bewusstseinsentwicklung, sondern auch Teil der meditativen Praxis. Die Konzentration darauf und der Versuch, sie mit gezielten Augenbewegungen zu beeinflussen und im Gesichtsfeld festzuhalten, versteht er als Meditation mit offenen Augen.

Sternchen

Ein weiteres entoptisches Phänomen, das häufig mit den Mouches volantes verwechselt wird, sind die so genannten „Sternchen", auch Kreiselwellen oder engl. *blue field entoptic phenomenon* genannt. Es handelt sich um hell leuchtende Kügelchen, die sich in gewundenen Bahnen bewegen. Sternchen sind gut wahrnehmbar, wenn wir ohne Fokussierung in den blauen Himmel blicken. In körperlichen Extremzuständen können sie sehr deutlich und leuchtend erscheinen, z.B. bei niederem Blutdruck, Schwindel, Schwärze vor den Augen und beginnender Ohnmacht. Das Sternchen-Sehen wird in Comics und Trickfilmen oft bildhaft dargestellt als kreisende Sterne um den Kopf von Figuren, die einen Schlag verpasst bekommen haben. In der Augenheilkunde gelten die „Sternchen" als Korpuskel, englisch *flying corpuscules, luminous spots* oder eben *blue field entoptic phenomenon*, da sie v.a. auf blauem Hintergrund sehr gut sichtbar sind. Die gängige Erklärung ist, dass es sich hier um weisse Blutkörperchen (Leukozyten) handelt, die sich in den Netzhautgefässen bewegen und von der Netzhaut wahrgenommen werden.

Sternchen am blauen Himmel. Quelle: Link[2].

Eine Verknüpfung von Sternchen und ganzheitlichen Erklärungen treffen wir im Bereich der Esoterik relativ häufig an: Meistens werden die Sternchen für eine visuell sichtbare Form der Lebensenergie gehalten. Dabei fallen Begriffe wie *prana*, *chi* oder *ki* – asiatische Konzepte für Lebensenergie. Doch eine tiefgründigere Theorie, die das Phänomen erklären könnte, ist schwer zu finden.

Eine Ausnahme bildet Wilhelm Reichs umstrittene Orgon-Theorie. In den 1930er und 40er Jahren führte Dr. Wilhelm Reich (1897-1957) eine Reihe von biophysikalischen Experimenten durch, die seiner Ansicht nach zeigten, dass organisches Material (auch der menschliche Körper) durch eine Energie „erregt" wurde. Diese Energie konnte er visuell, thermisch und elektromikroskopisch nachweisen, und zwar im Sonnenlicht, im Erdboden, in der Atmosphäre und in lebenden Organismen. Er nannte diese Energie „Orgon" und machte sie therapeutisch nutzbar. Reich erklärte viele optische und visuelle Phänomene mit seiner Orgontheorie, beispielsweise das Flimmern am Himmel oder das Glitzern der Sterne. In diesem Sinn werden auch die Sternchen gedeutet, welche nach Reich eine Art von „Orgonstrahlen" seien.

Da Wilhelm Reich die Lebensenergie als messbare physikalische Energie beschrieb und seine Experimente als Wissenschaft verstand, wurde er scharf kritisiert. Seine Theorie gilt heute als wissenschaftlich unhaltbar. Trotzdem ist sie bei manchen heutigen Ärzten und Heilpraktikern beliebt und wird angewendet. Eher spirituell orientierte Anhänger der Orgontheorie hingegen nehmen den visuellen Ausdruck des Orgon, also die Sternchen, als Konzentrationsobjekt. Die Idee dahinter ist, dass wir dabei unsere Aufmerksamkeit von der physischen Welt abziehen und auf die feinstoffliche Welt richten. Um die energetischen Sternchen längere Zeit ohne Unterbruch zu sehen, bedarf es einer grossen Konzentration. Um diese herzustellen, müsse der innere Dialog, das Ego, zur Ruhe gebracht werden. Nach dieser Beschreibung kann die Konzentration auf die Sternchen daher wie die Konzentration auf Mouches volantes als Meditation mit offenen Augen aufgefasst werden.

Geometrische Strukturen

Den Begriff „geometrische Strukturen" beziehe ich auf den englischen Ausdruck *form constants*, der von Heinrich Klüver geprägt worden war. Klüver führte in den 1920er Jahren Tests mit dem halluzinogen wirkenden Meskalin durch. Er erkannte, dass die Testpersonen, die Meskalin verabreicht bekommen hatten, stets dieselben geometrischen Muster beschrieben. Er unterschied vier hauptsächliche Muster oder Formkonstanten: Gitter, Spinnweben, Tunnel und Spiralen. In den folgenden Jahrzehnten wurden weitere Basistypen geometrischer Muster festgestellt, als Forscher in Europa und den USA bewusstseinsverändernde Substanzen wie LSD, DMT oder THC untersuchten. Da diese Substanzen in den 1970er Jahren weltweit verboten wurden, griffen spätere Forscherinnen und Forscher auf diese Studien zurück – nicht nur, um Aussagen über veränderte Bewusstseinszustände und entoptische Erscheinungen zu machen, sondern auch, um die abstrakte Kunst früherer und heutiger schamanischer Gesellschaften zu verstehen. So isolierten die Archäologen David Lewis-Williams und Thomas Dowson (1988) mehrere Basistypen von Formkonstanten, deren Erscheinung im Gegensatz zu den bildlichen Halluzinationen nicht durch eine bestimmte Zeit oder Kultur beeinflusst ist.

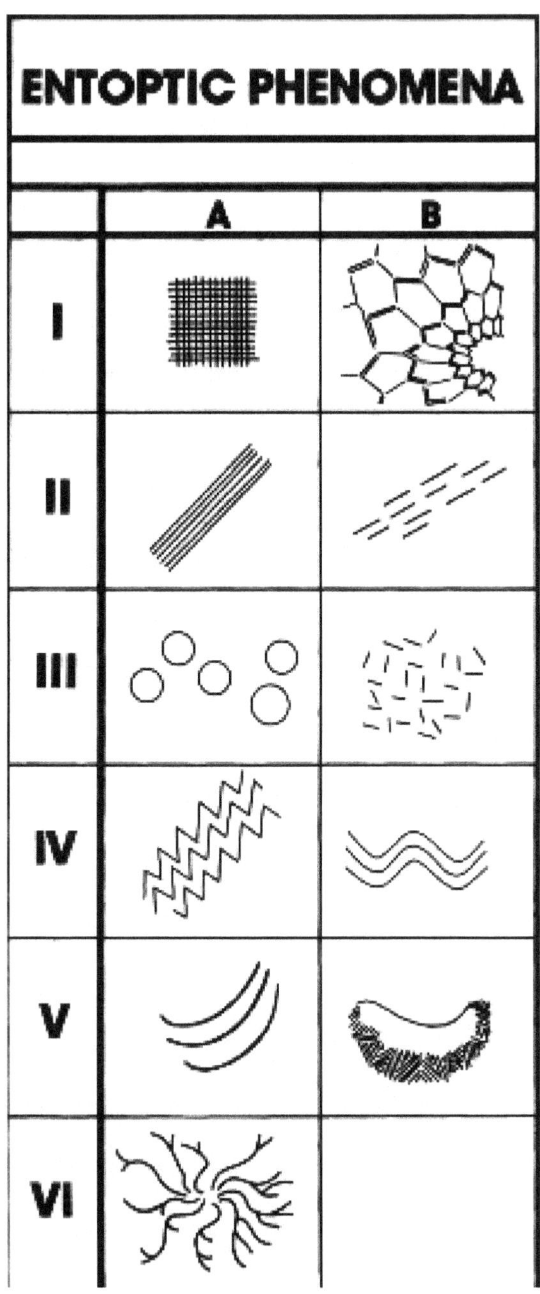

Basistypen von geometrischen Strukturen nach Lewis-Williams und Dowson (1988).

Geometrische Strukturen sind demnach selbstleuchtende Muster wie Punkte, Fäden, Kurven, Netze, Zickzacklinien, Spiralen etc., die in veränderten Bewusstseinszuständen auftreten. Solche Bewusstseinszustände lassen sich durch halluzinogene Substanzen sowie durch Praktiken wie Fasten, Schlafentzug, Tanz, rhythmische Trance etc. erreichen. Die Idee von Lewis-Williams und Dowson war, dass solche geometrischen Muster für viele heutige wie vergangene Kulturen bedeutend wurden, die eine institutionalisierte rituelle Form der Bewusstseinsveränderung praktizieren. Insbesondere waren und sind es Schamanen oder andere Frauen und Männer, die mit der geistigen Welt kommunizieren und solche Muster während ihrer visionären Reisen gesehen und dann aufgezeichnet und gedeutet haben. Auf diese Weise fanden geometrische Muster Eingang in die Kunst und Kultur, beispielsweise der südafrikanischen San, der Coso des amerikanischen Great Basin, der Tukanos am Amazonas und anderen. Vor diesem Hintergrund deuten die erwähnten Archäologen auch die zehntausende Jahre alten geometrischen Muster, die damalige Menschen an die Wände europäischer Höhlen geritzt und gemalt haben.

Zeichnung einer Sequenz aus der Yajé-Vision eines Tukano (Barasana-Gruppe). Quelle: Dronfield 1996.

Entoptische Erscheinungen als Gegenstand der Meditation mit offenen Augen

Das Gemeinsame bei allen besprochenen entoptischen Phänomen-en ist, dass sie für manche Menschen eine spirituelle und religiöse Bedeutung haben, als Meditationsgegenstand, mythische Symbole

oder als Kanäle für übersinnliches Wissen. Dies geht einher mit
der Vorstellung, dass ein Mensch, der sein Bewusstsein über
längere Zeit oder auch temporär durch entsprechende Rituale
steigert, eine Erweiterung seiner Wahrnehmung erfährt. Im Fall
von erweiterter visueller Wahrnehmung wird oft von einem
„inneren Sehsinn" bzw. von einem „dritten Auge" gesprochen,
welches durch eine entsprechende Lebensführung und Übungen
erst geöffnet werden muss. Aura, Mouches volantes, Sternchen
und geometrische Formen können entsprechend als Objekte des
dritten Auges verstanden werden. Die Konzentration auf sie
fördert die Entwicklung dieses inneren Sinns und hilft uns, im
Hier und Jetzt präsent zu sein, ganz im Sinne einer Meditation mit
offenen Augen. Dadurch werden wir sensibler für subjektive
Phänomene, die in unmittelbarer Beziehung zu uns selbst stehen,
jenseits von Kultur und Zeit. Ihre Betrachtung gibt uns Aufschluss
über unser eigenes Wesen. Denn bei entoptischen Erscheinungen
gilt: Der Blick nach aussen ist der Blick nach innen.

Literatur

Nachbilder und Aura

goethe.li/WeitereInfos.html (2006)

de.wikipedia.org/wiki/Energiek%C3%B6rper (31.8.19)

de.wikipedia.org/wiki/Kirlianfotografie (31.8.19)

aurawelt.de/ethik.html (2006)

kheper.net/topics/subtlebody/aura.htm (31.8.19)

thiaoouba.com/seeau.htm (31.8.19)

fernreiki.de/Aura-Sehen.html (2006)

Mouches volantes

Tausin, Floco (2010): *Mouches Volantes. Die Leuchtstruktur des Bewusstseins.* Bern: Leuchtstruktur Verlag

mouches-volantes.com (31.8.19)

bewusstsein.ws (31.8.19)

Sternchen

orgon.de/online-kurs-energiewahrnehmung/kreiselwellen/ (31.8.19)

datadiwan.de/netzwerk/index.htm?/harrer/ha_001d_.htm (31.8.19)

de.wikipedia.org/wiki/Orgon (31.8.19)

de.wikipedia.org/wiki/Vitalit%C3%A4t (31.8.19)

horusmedia.de/1998-meditation/meditation.php (31.8.19)

Geometrische Strukturen

Dronfield, Jeremy (1996): „The Vision Thing: Diagnosis of Endogenous Derivation in Abstract Arts". *Current Anthropology* 37, Nr. 2: 373-391

Klüver, Heinrich (1942): „Mechanisms of Hallucinations". *Studies in Personality*, hrsg. v. Terman, L. u.a.. New York: McGraw-Hill: 175-207

Lewis-Williams, J. D.; Dowson, T. A. (1988): „The Signs of All Times: Entoptic Phenomena in Upper Paleolithic Art". *Current Anthropology 29*, Nr. 2: 201-245

Müller-Ebeling, Claudia (1993): „Visionäre Kunst". *Welten des Bewusstseins* (Bd. 1: Ein interdisziplinärer Dialog), hrsg. v. Adolf Dittrich, Albert Hofmann u.a. Berlin

Pettifor, Eric (1996): „Altered States: The Origin of Art in Entoptic Phenomena". *Eric.pettifor.org*. eric.pettifor.org/entoptic (26.8.19)

Reichel-Dolmatoff, Geraldo (1987): „Shamanism and Art of the Eastern Tukanoan Indians". *Iconography of Religions* (Bd. 9/1), hrsg. v. Th. P. van Baaren u.a.. Leiden

Thurston, Linda (1991): *Entoptic Imagery in People and Their Art* (Masterarbeit). WebEdition 1997 auf: home.comcast.net/~markk2000/thurston/thesis.html (2006)

Links

Link[1]: media.photobucket.com/image/aura/jackmannyii/Aura.jpg?o=220 (31.8.19).

Link[2]: *allmystery.de/i/t1c43c5_Anonymous_VS_4_en.bmp (31.8.19)*

2
Die Leuchtstruktur aus der Sicht eines Sehers

Erstmals erschienen:
Tausin, Floco (2006): „Mouches volantes. Bewegliche Kugeln und Fäden aus der Sicht eines Sehers". Q'Phase. Realität … Anders! 4

In der Ethnologie und Psychologie ist seit längerem bekannt, dass Menschen in veränderten Bewusstseinszuständen unter anderem subjektive visuelle Phänomene wahrnehmen. Gemeint sind damit einerseits Halluzinationen und anderseits sogenannte entoptische Erscheinungen. Letztere sind leuchtende und bewegte geometrische Formen, von simplen Punkten und Linien bis hin zu komplexen Mustern aus diversen Formen. Da man annimmt, dass entoptische Erscheinungen irgendwo zwischen der Netzhaut im Auge und dem visuellem Cortex im Hirn entstehen, zählen sie zu den kulturunabhängigen universellen subjektiven Erscheinungen. Schamanen, Druiden, Seherinnen, Mystiker früherer und heutiger Gesellschaften sahen solche Formen während rituellen Zeremonien und deuteten sie je nach ihrem kulturellen und spirituellen Verständnis. Entsprechend wurden entoptische Erscheinungen seit tausenden von Jahren sowohl von aussereuropäischen wie von europäischen vormodernen Gesellschaften kunstvoll auf Werkzeugen, Töpfen, Felsen und Höhlenwänden abgebildet.

In diesem Artikel stelle ich die Sichtweise eines heute lebenden Sehers namens Nestor vor. Ich begegnete Nestor in den 1990er Jahren im Emmental und war von seiner Lebensweise und Weltanschauung beeindruckt, so dass ich ihn in den folgenden Jahren regelmässig besuchte und von ihm lernte. Was ich im Folgenden beschreibe, ist eine Zusammenfassung von Nestors Wahrnehmung und Verständnis einer bestimmten entoptischen Erscheinung, auf die er infolge seiner Bewusstseinsentwicklung gestossen ist und seither als Konzentrationsobjekt einsetzt. Nestors Ausführungen legen das Fundament für eine aussergewöhnliche Sehtheorie, welche diese entoptische Erscheinung mit unterschiedlichen Bewusstseinszuständen verknüpft. Die Basis dieses Sehens ist eine anspruchsvolle Lebensweise mit einer ethischen Grundhaltung, bestimmten Ernährungspraktiken, körperlichen Übungen, Atemübungen, visuellen Konzentrations- und Meditationspraktiken sowie gezielt herbeigeführten Bewusstseinsveränderungen (Tausin 2010).

Mouches volantes

Seit mehreren Jahrzehnten konzentriert sich Nestor auf ein visuelles Phänomen, welches mit zunehmendem Umgebungslicht besser sichtbar wird. Dieses Phänomen ist subjektiv, d.h. es hat keine Entsprechung ausserhalb des Körpers. Nestor kann seine Wahrnehmung nicht direkt mit anderen Menschen teilen. Konkret sieht Nestor einfache geometrische Formen, punkt- oder kugelartige Gebilde, sowie Fäden, in denen teilweise aneinandergereihte Kugeln sichtbar sind. Diese Kugeln und Fäden sind üblicherweise transparent, bewegen sich verschieden schnell durch das Gesichtsfeld, meistens entsprechend der Schwerkraft nach unten, doch sie können durch Augenbewegungen willentlich beeinflusst werden.

Mouches volantes im Emmental. Titelbild des Buches Mouches Volantes – Die Leuchtstruktur des Bewusstseins. Quelle: Floco Tausin.

Da ich ab einem gewissen Zeitpunkt des Übens jene Kugeln und
Fäden selbst sehen konnte, stellte ich Nachforschungen an. Es
zeigte sich, dass diese Gebilde ein in der Augenheilkunde seit längerem bekanntes Phänomen sind, nämlich so genannte „Mouches
volantes" (frz. für fliegende Mücken). Mouches volantes ist ein
Sammelbegriff, der alle möglichen Trübungen im Glaskörper um-
fasst, allerdings nichts über deren Ursprung aussagt. Ihre wissenschaftliche Erklärung hat sich durch die Jahrhunderte hindurch
und selbst in jüngster Vergangenheit immer wieder gewandelt.
Und noch heute reichen die Erklärungen von übriggebliebenen
embryonalen Stammzellen über Zellschutt zwischen Netzhaut und
Glaskörper bis zu Verklumpungen des Glaskörpergerüstes. Mouches volantes können unter Umständen auf gravierende Netzhaut-
schäden hinweisen, gelten in den allermeisten Fällen aber als
harmlos und bedingt durch das Alter – und um diese geht es hier.
Diese harmlosen Mouches volantes – ich nenne sie Leuchtstruktur
Mouches volantes – sind vereinzelt im Blickfeld schwimmende
transparente oder leuchtende Kugeln und Fäden mit klaren Konturen.

Bewusstseinsstruktur und innerer Sinn

Nestors Aussagen über diese Kugeln und Fäden weichen erheblich von der augenheilkundlichen Erklärung ab: Für ihn sind diese
Punkte und Fäden aus dem Bewusstsein entstanden und bilden
eine zusammenhängende Struktur, auf welche wir unsere materielle Welt wie auf eine Leinwand projizieren. Sie sind direkt mit
unserem Willen verbunden. Und letztlich passt unser Bewusstsein
in seiner reinsten, attributlosen Form in eine einzige Kugel in
dieser Struktur.

Ob die Leuchtstruktur Mouches volantes eine materielle Entsprechung im Auge (oder im Hirn) haben, ist für Nestor irrelevant. Für ihn sehen wir Mouches volantes nicht mit unseren Augen, sondern mit einem „inneren Sinn". Diesen inneren Sinn nennt er manchmal auch das dritte Auge, ein Auge, das sich durch das Zurückziehen der äusseren Sinne bei Konzentrationsübungen mehr und mehr öffnet. Erste Erscheinungen von Mouches volantes deuten daher bereits auf eine kleine Öffnung des dritten Auges hin. Wie offen das dritte Auge ist, ist bedingt durch die Zeit, Kultur und die individuellen Bemühungen. Die Tatsache, dass gegenwärtig viele Menschen Mouches volantes sehen, wenn auch nur kleine vereinzelte transparente Punkte und Fäden, bedeutet für Nestor, dass viele Menschen bereits eine Verbindung zum inneren Sinn haben, dass die meisten von ihnen jedoch kaum mit diesem Sinn arbeiten und ihn entwickeln.

Mit solchen Erklärungen misst Nestor diesen visuellen Erscheinungen eine aussergewöhnliche Bedeutung bei: Sie sind eine geistige Erscheinung und somit ein direkt wahrnehmbarer Ansatzpunkt für unsere eigene Bewusstseinsentwicklung, für die Erkenntnis unserer Welt und uns selbst. Wie aber kommt Nestor dazu, solches zu behaupten? Zunächst hat er den Anspruch, dass seine Aussagen über die Mouches volantes auf seinem eigenen Sehen basieren. Sein Sehen hat sich dahingehend entwickelt, dass er die Leuchtstruktur Mouches volantes anders wahrnimmt, als sie üblicherweise wahrgenommen werden: nicht als vereinzelte kleine Pünktchen und Fädchen, die dauernd wegdriften, sondern als grosse, leuchtende Kugeln und Röhren, die er mit seinem Blick festhalten und in aller Ruhe sehen kann. Dass es sich dabei dennoch um das handelt, was die meisten Menschen als Mouches volantes erleben, kann er deshalb sagen, weil er im Laufe seiner Bewusstseinsentwicklung die Umwandlung von kleinen beweglichen Kügelchen und Fädchen in grosse Kugeln und Röhren erlebt hat.

Das erweiterte Sehen eines Sehers

Diese Umwandlung führt Nestor auf seine Lebensweise zurück: Jahrelang betrieb er konsequent anspruchsvolle körperliche Übungen, Atemübungen sowie Tanz in Kombination mit rhythmisch herbeigeführter Trance. Diese Lebensweise hat bei ihm zur Ansammlung von immer grösseren Mengen psychophysischer Energie geführt, die ab einem bestimmten Punkt seinen Körper geöffnet hat und schlagartig in die Umgebung entwichen ist. Das Gefühl des Entweichens von Energie nennt Nestor „Ekstase" und beschreibt es als ein intensives und lange anhaltendes Prickeln am ganzen Körper.

Der Zoom-Effekt

Die Ekstase geht mit einer starken Bewusstseins- und Wahrnehmungsveränderung einher. Wenn dieses Ereignis zum ersten Mal passiert, spricht Nestor vom „Sprung in die linke Seite des Bewusstseins". Grundsätzlich aber geschieht bei jeder Ekstase dasselbe: Das „Bild" – die Gesamtheit unserer momentanen visuellen Wahrnehmung – springt abrupt näher bzw. wird „herangezoomt". Das heisst, die Seherin sieht den Ausschnitt der Welt kleiner, den betrachteten Gegenstand dafür aber näher, grösser, farbiger und schärfer.

Der Zoom-Effekt, hier anhand der Leuchtstruktur dargestellt. Quelle: Floco Tausin.

Nestor macht damit geltend, dass das menschliche visuelle System fähig ist, durch Investition von Energie Bildausschnitte zu vergrössern. Zusammen mit der materiellen Realität kommen aber auch die Leuchtstruktur Mouches volantes näher und beginnen gleichzeitig aufzuleuchten. Direkte Energieinvestition in das Bild bedeutet also ein direkt wahrnehmbares „Aufleuchten-Lassen" der eigenen Kugeln und Fäden. In der Folge werden mehr von diesen Mouches volantes sichtbar, und es scheint, dass es sich nicht einfach um einzelne Kugeln und Fäden handelt, sondern um eine ganze Struktur, die sich über unser Blickfeld ausbreitet. Daher spricht Nestor nicht von vereinzelten Punkten und Fäden, sondern eben von einer zusammenhängenden „Leuchtstruktur".

**Die Schichten des Bewusstseins und der Weg in der Leucht-
struktur**

Nestor erlebt in seinem Sehen immer wieder, dass die Welt abrupt
näherrücken kann. Er hat auch die Erfahrung gemacht, dass es in
sehr intensiven Bewusstseinszuständen möglich ist, dasselbe Bild
bzw. denselben Gegenstand gleich mehrere Male hintereinander
wahrzunehmen. Aufgrund dieser Beobachtungen geht Nestor davon aus, dass unser Sehsystem aus verschiedenen hintereinander
aufgereihten Schichten besteht, auf welchen sich unsere Welt ab-
spielt. Grundsätzlich würde uns das ganze Spektrum offen stehen,
doch infolge unserer Erziehung haben wir uns auf eine einzelne
Schicht fixiert. Durch entsprechende Techniken lernt der Seher,
die Fixierung auf seine gewohnte Schicht aufzulösen und in
seinem Sehen durch die Schichten hindurch beweglich zu sein.
Dies gelingt erstmals beim „Sprung in die linke Seite".

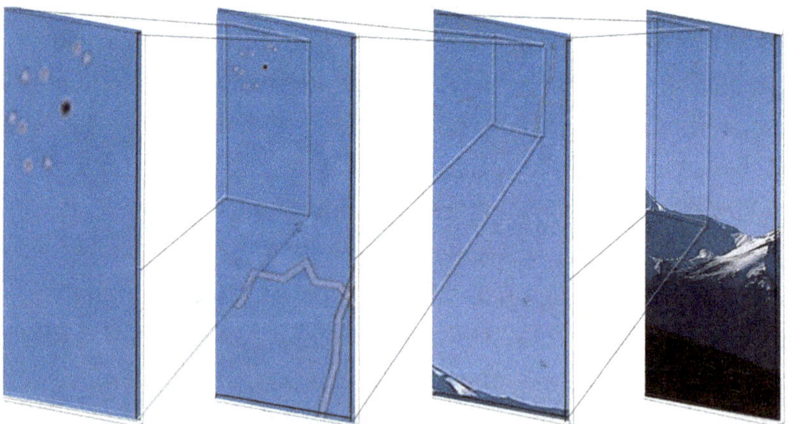

*Die Schichten des Bewusstseins können anhand diverser Konstellatio-
nen von Leuchtkugeln und Leuchtfäden unterschieden werden. Quelle:
Floco Tausin.*

In der Folge versucht die Seherin oder der Seher, durch seine Lebensweise und Praktiken den Energieumsatz sowohl kurzfristig, wie auch längerfristig zu erhöhen, um intensivere Bewusstseinszustände herbeizuführen und das Bild noch näher und intensiver zu erleben. Das Zusammenspiel von kurzfristigen Bewusstseinserweiterungen und einer langfristigen bewusstseinsförderlichen Lebensweise führt zu einer Vorwärtsbewegung innerhalb dieser Leuchtstruktur. Dies bedeutet, dass sich ein Seher allmählich durch die Bewusstseinsschichten hindurch bewegt, und dass er die üblichen Kugeln und Fäden, die nun sehr nahe gekommen sind, hinter und unter sich lässt und die Konzentration auf neu erschienene Kugeln und Fäden weiter oben richtet. Nestor nennt diese geistige und visuell direkt sichtbare Vorwärtsbewegung durch die Schichten des Bewusstseins den „Weg in der Leuchtstruktur".

Der Aufbau der Leuchtstruktur

Das Sehen der Mouches volantes gibt nach Nestor Auskunft über unseren tatsächlichen Bewusstseinsfortschritt. Zu Beginn sehen wir eine Vielzahl von Kugeln und Fäden, welche sich scheinbar ohne jede Ordnung, und daher ohne jeden Sinn vor unseren Augen bewegen.

Nach dem „Sprung in die linke Seite" läuft der Weg in der Leuchtstruktur aber darauf hinaus, dass die Seherin immer weniger, dafür sehr grosse Kugeln sieht. Ganz deutlich treten jetzt Gruppen von Kugeln in der linken oberen Hälfte ihres Blickfeldes hervor, auf die sie sich zubewegt. Diese Kugeln sind nach einer ganz bestimmten Konstellation angeordnet. Und es ist diese Konstellation, welche Nestor zum Schluss gebracht haben, dass wir es bei den Leuchtstruktur Mouches volantes mit einer Struktur zu tun haben, die nach ganz bestimmten Prinzipien aufgebaut ist – fundamentale Prinzipien, die wir auch im Aufbau der Natur und in den Kulturen immer wieder finden. Nestor, der den Urgrund allen Seins auf das Bewusstsein zurückführt, nimmt daher an, dass sich in dieser Leuchtstruktur die Gesetzmässigkeit der Entfaltung des Bewusstseins manifestiert.

Die Quelle – die Kugel, in die wir eingehen

Nestor berichtet weiterhin, dass er am Ende des Weges in der Leuchtstruktur den „Anfang des Seins" in der linken oberen Hälfte der Struktur gefunden hat. Dieser Anfang ist eine einzelne Kugel, die er die „Quelle" nennt. Wir alle haben unsere eigene Quelle in dieser Struktur. Dies zeigt sich nach Nestor darin, dass die Vorwärtsbewegung, die ein Seher in energieintensiven veränderten Bewusstseinszuständen macht, immer auf diese eine Kugel ausgerichtet sei. Die Richtung auf dem Weg in der Leuchtstruktur ist somit vorgegeben und kann von uns nicht bestimmt werden. Bestimmt werden kann nur, ob und in welchem Mass wir uns durch entsprechende Praktiken auf diese letzte Kugel vorwärts bewegen.

Für Nestor ist die Quelle die Kugel, in welche wir eingehen, sowohl beim Einschlafen wie auch beim Sterben. Das Eingehen in diese Kugel bedeutet das Einswerden mit der Struktur, daher aber auch das Einswerden mit dem ganzen Bild. Nestors Weg ist daher ein mystischer Weg: Er ist der Ansicht, dass wir durch die Verkörperung aus dieser Einheit mit dem Bild herausgefallen und zu individuellen und getrennten Persönlichkeiten geworden sind. Der Weg in der Leuchtstruktur führt entsprechend zurück zu dieser Einheit, mit der Absicht, möglichst nahe an diese letzte Kugel heranzukommen und wenn möglich vor dem körperlichen Tod bewusst in sie einzugehen.

Die Bedeutung der Leuchtstruktur Mouches volantes

Wie bei aller Mystik, Philosophie und Religion handelt es sich auch im Fall von Nestor um Aussagen über subjektive Wahrnehmungen, die so aussergewöhnlich sind, dass wir sie kaum nachvollziehen können. Eine gute Reaktion erscheint mir in solchen Fällen, diesen Aussagen mit einer Mischung aus Skepsis und Aufgeschlossenheit zu begegnen. Denn die einzige Möglichkeit der Überprüfung ist das eigene subjektive Nacherleben. Dieses aber würde eine jahrelange bewusstseinsfördernde Lebensweise voraussetzen, sowie die Bereitschaft, sich immer wieder in intensivere Bewusstseinszustände zu begeben. Und dies ohne Garantie, dass man je an einen Punkt kommt, an dem die Wahrheit oder Unwahrheit von Nestors Aussagen offensichtlich wird.

Was uns ein Seher wie Nestor jedoch auch für den Alltag mitgeben kann, ist der Hinweis darauf, dass das Leben und die Dinge um uns herum zu einem Bild gehören, mit welchem wir unmittelbar verbunden sind. Und dass diese Verbundenheit sich in den Leuchtstruktur Mouches volantes manifestiert, den kleinen Punkten und Fäden, die vor unseren Augen schweben. Mit den Mouches volantes gibt uns Nestor etwas, das wir direkt und jederzeit sehen und unabhängig von äusseren Gegenständen als Objekt für die tägliche Konzentration und Meditation verwenden können.

Literatur

Tausin, Floco (2010): *Mouches Volantes. Die Leuchtstruktur des Bewusstseins.* Bern: Leuchtstruktur Verlag

3
Meditation mit offenen Augen

Erstmals erschienen:
Tausin, Floco (2006): „Meditation mit offenen Augen. Der visuelle Weg zur Entwicklung des inneren Sinns". Lebens(t)räume. Das Magazin für Gesundheit und Bewusstsein 4

Feine Gesichtszüge und graue Betonblöcke, monotoner Verkehrslärm und schallendes Gelächter, kratzender Zigarettenrauch und reizendes Parfüm, süsse Baklava und scharfe Samosas, weiche Kissen und harte Bänke – was wir als unseren Alltag kennen, ist eine Flut von verschiedenartigen Informationen, die wir durch unsere fünf Sinne aufnehmen und im Gehirn zu einem ganzheitlichen Bild zusammensetzen. Die Sinnesorgane sind die Tore unseres Körpers, sie verbinden die Aussenwelt mit der Innenwelt und bestimmen in Abhängigkeit von unserem Bewusstseinszustand, wie wir diese Welt wahrnehmen.

Kein Wunder, schenkten spirituell wache Menschen im Osten wie im Westen ihren Sinnen seit jeher eine grosse Aufmerksamkeit. Indische Philosophen etwa studierten sehr genau das Zusammenspiel von Sinnesorganen, Sinnesobjekten, Denken und Bewusstsein – und kamen darauf, dass die unbewusste Sinnestätigkeit auf dem Weg zur Selbst- bzw. Gotteserkenntnis ein Hindernis darstellt. Denn das Sinnesglück sei trügerisch, heisst es etwa in der Bhagavadgita, es sei „am Anfang wie Nektar und am Ende wie

Gift". Und der Gott Krishna weist den Helden Arjuna an, seine Sinne zu zügeln, denn

> „die Sinne sind ungestüm und beherrschen den Geist sogar desjenigen Menschen, der um Unterscheidungsvermögen bemüht ist."

Heisst das nun, dass wir die Augen verschliessen und die Ohren verstopfen sollen, wenn wir um ein spirituelles und bewussteres Leben bemüht sind? Natürlich nicht. Vielmehr geht es darum, unsere Sinnestätigkeit auch für die Bewusstseinsentwicklung dienlich zu machen. Dazu haben uns die Weisen früherer Zeiten ein wunderbares Instrument zur Hand gegeben: die Meditation.

Die Meditation wird heute bei uns oft losgelöst von einer spezifischen Religion gelehrt, teilweise als Therapie gegen Stress, Anspannung und Ungleichgewichte aller Art. Zweifellos wird das Praktizieren unsere Sinnestätigkeit stets von neuem beruhigen und einer Überreizung unserer Sinnesorgane, die uns unruhig und unzufrieden macht, entgegenwirken. Doch die Meditation geht über eine therapeutische Anwendung hinaus. Der oder die Praktizierende versucht zu einer Erkenntnis der Welt und von sich selbst zu gelangen, die ungetrübt ist durch Gedanken und Gefühle.

Der innere Sinn

Wir können davon ausgehen, dass eine solche subtile Erkenntnis durch die Verbindung eines subtilen Sinnesorgans mit einem subtilen Sinnesobjekt zustande kommt. Diesen subtilen Sinn bezeichne ich in Anlehnung an meinen Lehrer, den im Schweizer Emmental lebenden Seher Nestor, als „inneren Sinn". Nestor versteht diesen inneren Sinn nicht als sechsten Sinn, sondern als Zusammenfassung aller fünf Sinne. Der innere Sinn steht somit in unmittelbarer Beziehung zu den körperlichen Sinnen, welche dadurch „verinnerlicht" werden.

Das Allsehende Auge am Aachener Dom. Quelle: Link[1].

Obwohl dieser innere Sinn keine offensichtliche physiologische Entsprechung hat, wird er von vielen Kulturen symbolisch in seinem visuellen Aspekt dargestellt, dem dritten Auge. In den östlichen Religionen symbolisiert das dritte Auge göttliche Weisheit und Befreiung. Berühmt ist seine tantrische Entsprechung im zweiblättrigen Anja Chakra auf der Stirn zwischen den Augen. Im Christentum kann das „einfältige" oder „durchlässige" Auge bei Mt. 6, 22 sowie das göttliche allsehende Auge in einem Dreieck als drittes Auge verstanden werden. Und selbst in der westlich-wissenschaftlichen Tradition gibt es Vorstellungen von einem inneren Auge, welches mehr wahrnehmen kann als die üblichen optischen Reize. Dieses wird mit bestimmten Hirnbereichen, insbesondere mit der Zirbeldrüse assoziiert.

Die Beziehung zwischen Wahrnehmung, Seele und Zirbeldrüse nach René Descartes. Quelle: Link[2].

Meditation zur Entwicklung des inneren Sinns

Viele von uns haben in der Meditation erste Aspekte eines erwachenden inneren Sinns kennengelernt, beispielsweise subjektive visuelle Erscheinungen, ekstatische Gefühle oder intuitive Einsichten. Doch damit dieser Sinn zur vollen Blüte gelangt, sind womöglich Jahre und Jahrzehnte der Übung notwendig. Ein Mensch, der bereit ist zu üben, sollte eine Meditationsmethode wählen, die direkt den inneren Sinn bzw. dessen Objekte und Funktion anspricht.

Ein guter Ausgangspunkt für eine solche Meditation sind die Yoga Sutras des Patanjali. Sein achtgliedriger Stufenweg befasst sich zunächst mit der ethischen Lebensführung sowie mit Körper- und Atemübungen. Diese Übungen führen zu geistiger und körperlicher Ausgeglichenheit und sind eine Voraussetzung für ein gutes Gelingen der Meditation. Die vier aufeinanderfolgenden Stadien der Meditation sind: das Zurückziehen der Sinne (Pratyahara), die Konzentration (Dharana), die Meditation (Dhyana) und die Versenkung bzw. Kontemplation (Samadhi). Die Meditation kann auf grobe oder feinstoffliche Objekte angewendet werden.

Grobstoffliche Meditationsobjekte

Materielle Meditationsobjekte werden mit den Augen, nicht mit dem inneren Sinn wahrgenommen, doch die Konzentration auf sie kann zu subtilen Erscheinungen führen. Die Meditation über grobstoffliche Objekte sollte das dritte Auge in seiner Funktion unterstützen, zwischen den beiden Hirn- bzw. Bewusstseinshälften zu vermitteln und uns unsere rechte intuitiv-emotionale Seite sowie unsere linke rational-analytische Seite bewusst zu machen und miteinander in Einklang zu bringen. Dies gelingt am besten mittels Schieltechniken, die im Osten wie im Westen entwickelt worden sind. Hier müssen allerdings zwei verschiedene Arten des Schielens auseinandergehalten werden: Das Gehen-Lassen der

Augen, wobei sich der Konzentrationspunkt hinter den betrachteten Gegenstand verlagert, und das konzentrative Nach-innen-Richten der Augen, bei dem der Konzentrationspunkt vor den betrachteten Gegenstand, zum Betrachter hin gezogen wird. Für die hier präsentierte Meditation eignet sich die zweite, konzentrative Art des Schielens, die ich in Anlehnung an Nestor „Doppeln" nenne.

Die einfachste Übung des Doppelns ist das Schauen auf die Nasenwurzel, nach der Art indischer Yogis. Doppeln können wir aber auch auf Gegenstände. So berichtet z.B. Carlos Castaneda vom „Gaffen", einer Sehtechnik, die zunächst die Fixierung des Blicks auf einen Gegenstand meint, ähnlich wie die yogische Reinigungsübung Trataka. Manchmal wird sie aber mit einem Schielen kombiniert, wo der oder die Übende die zwei Bilder auseinander schiebt und dadurch zwei gleich geformte Gegenstände übereinander lagert. Die Konzentration auf diese Überlagerung synchronisiert die beiden Bewusstseinshälften und erzeugt bei regelmässiger Praxis eine Tiefenwahrnehmung, die die Übenden in andere Sphären des Bewusstseins trägt.

Ein weiteres Beispiel für diese Art der Meditation ist die Meditation mit den Tafeln von Chartres. Hierbei handelt es sich um drei legendäre geometrische Figuren gleicher Fläche (Rechteck, Quadrat, Kreis), die als rote und blaue Metallplatten in abwechselnden Farbreihen vor sich ausgelegt und gedoppelt werden, so dass eine überlagerte dritte Tafelgruppe in der Mitte erscheint. Das Wissen um diese alte Meditationsform wurde von Zigeunern (heute eher „Fahrende" oder entsprechend der Eigenbezeichnung Roma, Sinti oder Jenische genannt) bewahrt und erstmals durch Pierre Derlon veröffentlicht.

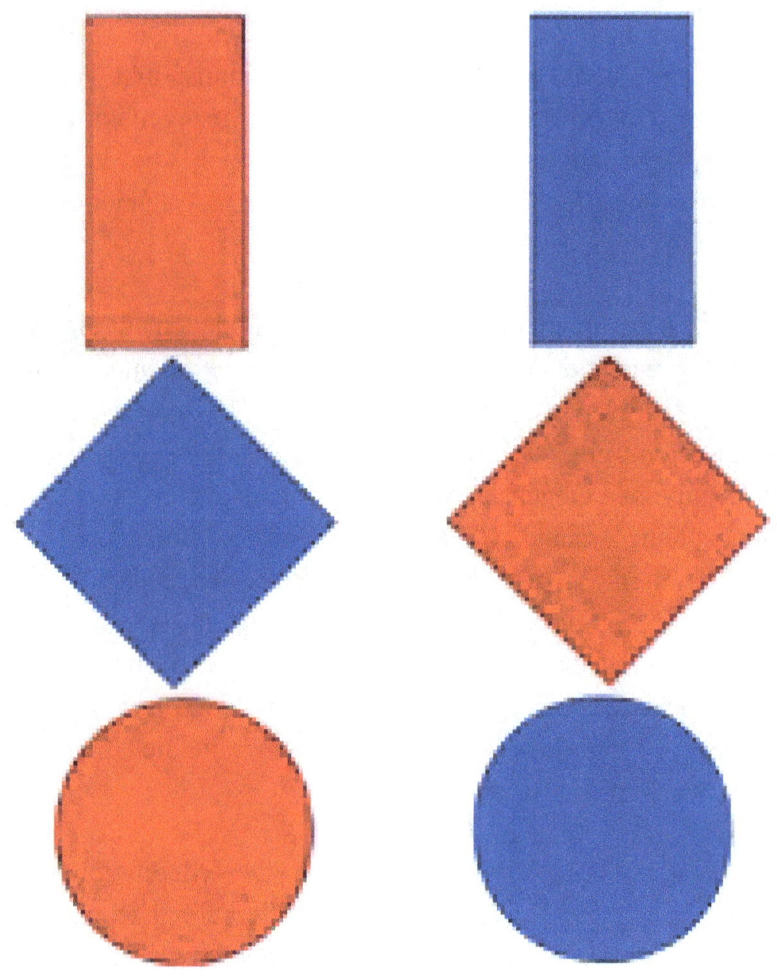

Die Tafeln von Chartres. Quelle: Link[3].

Die feinstofflichen Objekte: Subjektive visuelle Phänomene

Feinstoffliche Meditationsobjekte können zwar auch Gefühle und Gedanken sein, doch für die Entwicklung des inneren Sinns eignen sich jene Objekte besonders gut, die sich durch eine Verbindung des inneren Sinns mit dem Augensinn ergeben. Gemeint sind die subjektiven visuellen Phänomene, die in der Physiologie als „entoptische Erscheinungen" bekannt sind. Entoptische Erscheinungen sind solche Phänomene, die der Betrachter ausserhalb von sich zu sehen glaubt, die aber in ihm selbst entstehen. Dazu gehören z.B. kontrastfarbene Nachbilder, Phosphene, aufleuchtende Sternchen (*blue field entoptic phenomenon*), bewegliche Punkte und Fäden im Blickfeld (Mouches volantes), sowie geometrische Strukturen, die in veränderten Bewusstseinszuständen durch Trance und Ekstasetechniken auftreten können (Formkonstanten). Entoptische Erscheinungen wurden von Menschen seit jeher beobachtet, mit religiöser Bedeutung versehen und als Konzentrationsobjekte verwendet. Davon zeugen die geometrischen Muster in der Kunst heutiger und längst vergangener Gesellschaften, bei denen bewusstseinsverändernde Praktiken und Trance zum religiösen Ritual gehören.

Meditation über bewegliche Punkte und Fäden

Die vier Stufen der Meditation nach Patanjali sollen nun anhand eines dieser entoptischen Phänomene erklärt werden, auf das ich durch meinen Lehrer hingewiesen worden bin: die beweglichen, transparenten Punkte und Fäden, die in unserem Blickfeld schwimmen. Viele Menschen haben sie schon bewusst wahrgenommen, die meisten achten allerdings nicht darauf, und einige wenige stören sich sogar an ihnen. In der Augenheilkunde wird dieses Phänomen irrtümlicherweise für eine Art von Glaskörpertrübung gehalten und zusammen mit anderen realen Glaskörpertrübungen als „Mouches volantes" (frz. für fliegende Mücken) bezeichnet.

Bewegliche transparente Punkte und Fäden im Blickfeld. Quelle: Floco Tausin.

Wer diese Punkte und Fäden sehen kann, hat ein erstklassiges Meditationsobjekt zur Hand: Sie bilden bei jedem von uns ein individuelles Muster und sind somit ein unverwechselbarer Ausdruck unserer Selbst, so wie ein Daumenabdruck. Wir brauchen sie nicht mit uns herumzutragen und können trotzdem über sie meditieren, wann und wo wir wollen – ein kraftvoller Augenaufschlag genügt um sie in unser Blickfeld zu holen. Die Meditation auf unsere Punkte und Fäden ist zudem eine Meditation mit offenen Augen, die als solche den Vorzug hat, uns wach zu halten und uns mit der Energie des Tageslichtes zu versorgen.

Die erste der vier Stufen des Meditationsprozesses nach Patanjali ist das Zurückziehen der Sinne. Dies bedeutet, dass wir die Objekte des inneren Sinnes, die Punkte und Fäden, in unser Blickfeld holen und sie bewusst sehen. Dabei passiert es, dass wir unsere fünf Sinne von den materiellen Sinnesobjekten zurückziehen und die Energie, die sie normalerweise für ihr Funktionieren brauchen, in den inneren Sinn leiten. In dieser ersten Stufe kundschaften wir unsere Punkte und Fäden aus, lernen ihre Formen, Konstellationen und Bewegungen kennen, sehen, dass es Punkte und Fäden im linken wie im rechten Auge bzw. Bewusstsein gibt, und dass wir uns immer nur auf eine Seite konzentrieren können.

Dabei stellen wir fest, dass es nicht einfach ist, diese Punkte und Fäden zu betrachten, denn sie fliessen dauernd weg, tendenziell nach unten. Nur durch gezielte und wohldosierte Augenbewegungen vermögen wir sie im Blickfeld zu halten. Die Augenbewegungen sind zugleich eine Neuausrichtung unserer Aufmerksamkeit, und hier haben wir einen direkten körperlich-visuellen Ausdruck dessen, was Patanjali „Vrittis" nennt. Vrittis sind subtile Wellen, die durch unsere Reaktion auf Reize von innen oder aussen entstehen. Die Vrittis hindern uns an einer längeren Konzentration, denn sie erzeugen Eindrücke in unserem Bewusstsein, die wiederum auf bestimmte Reize reagieren. Diese Neuausrichtung – in der indischen Philosophie auch Fluktuation oder Modifikation genannt – findet auf verschiedenen Ebenen statt. Jeder Gedanke, jede Gefühlsregung, jede Neuausrichtung des Blicks beendet die Konzentration und leitet eine neue Phase der Konzentration ein. Die Meditation auf unsere Punkte und Fäden zeigt uns also stets, wie gross unsere Konzentration bereits ist.

Mit zunehmender Erfahrung im Sehen erreichen wir die zweite
Stufe, die eigentliche Konzentration. Sie zeigt sich darin, dass wir
diese Punkte und Fäden besser und länger im Blickfeld halten
können, und dass sie allmählich kleiner, schärfer und leuchtender
werden. Auch Patanjali spricht in mehreren Versen von der Steigerung des Lichts in der Meditation und nennt das strahlende
Licht als möglichen Konzentrationsgegenstand, welcher zum Wissen um das Subtile führe. Dieses Licht kann in den Punkten und
Fäden direkt gesehen werden, weshalb Nestor von der „Leuchtstruktur" spricht.

Gelingt es uns, die Punkte und Fäden längere Zeit ohne Neuausrichtung des Blicks festzuhalten, haben wir die Stufe der Meditation erreicht. Die Punkte sind nun ruhig, fliessen nur noch wenig
und leuchten klar. Unsere Aufmerksamkeit ist nun ununterbro-
chen auf die Punkte und Fäden der rechten oder der linken Seite
ausgerichtet, der innere Sinn dominiert die fünf physiologischen
Sinne.

In der letzten Stufe, der Kontemplation, ruhen unsere fünf Sinne
nun vollends. Der innere Sinn ist vollständig erwacht und lässt uns
unmittelbar und mit grosser Intensität die wahre Bedeutung dieser
Kugeln und Fäden und ihre Beziehung zu uns selbst erkennen und
fühlen. In der indischen Philosophie hat die kontemplative Erkenntnis oft eine mystische Qualität, insofern die Seherin oder der
Seher mit dem Gesehenen identisch wird und dabei die befreiende
Erkenntnis des eigenen wahren Selbst erfährt.

Literatur

Castaneda, Carlos (1972): *Die Reise nach Ixtlan*. Frankfurt a. M.: Fischer

Derlon, Pierre (1978): *Die Gärten der Einweihung*. Basel: Sphinx Verlag

Desikachar, T. K. V. (1997): *Yoga. Tradition und Erfahrung. Die Praxis des Yoga nach dem Yoga Sutra des Patañjali.* Petersberg: Via Nova

Lewis-Williams, J. D.; Dowson, T. A. (1988): „The Signs of All Times: Entoptic Phenomena in Upper Paleolithic Art". *Current Anthropology* 29, Nr. 2: 201-245

Pennington, George (2002): *Die Tafeln von Chartres. Die gnostische Schau des Westens.* Düsseldorf: Patmos

Tausin, Floco (2010): *Mouches Volantes. Die Leuchtstruktur des Bewusstseins.* Bern: Leuchtstruktur Verlag

en.wikipedia.org/wiki/Third_eye (1.9.19)

en.wikipedia.org/wiki/Eye_of_Providence (1.9.19)

hometown.aol.de/_ht_a/mcmanis31/Uni/das_selbstwertgefuehl_bei_kindern-Teil5.htm (2006)

home.arcor.de/ralflehnert/id53.htm (2006)

ipn.at/ipn.asp?ALH (1.9.19)

Links

Link[1]:
upload.wikimedia.org/wikipedia/commons/thumb/6/60/Allsehendes_Auge_am_Tor_des_Aachener_Dom.JPG/450px-Allsehendes_Auge_am_Tor_des_Aachener_Dom.JPG (1.9.19)

Link[2]:
https://blogs.publico.es/alberto-sicilia/files/2021/10/353d8b20e154fd856de668440bda49b9.jpeg (1.9.19)

Link[3]: pennington-training.com/index.php?
option=com_content&view=article&id=10&Itemid=116&lang=de (1.9.19)

4

Wenn sich die Haare sträuben

Erstmals erschienen:
Tausin, Floco (2007): „Wenn sich die Haare sträuben. Das Prickeln auf der Haut als universelles spirituelles Phänomen". *Esotera 1*

Wir alle kennen dieses Prickeln auf der Haut, bei dem sich die Körperhärchen aufstellen. Oft geht dieses Gefühl einher oder wird gleichgesetzt mit Frösteln, Schauer und bestimmten emotionalen Zuständen. Weil die Haut dabei so hügelig wie bei einer gerupften Gans aussieht, sprechen wir von „Gänsehaut" (Schweiz/Österreich: „Hühnerhaut").

Weniger bekannt ist dagegen, dass dieses Prickeln auf der Haut eine spirituelle Bedeutung hat, und zwar bei intensiven Erfahrungen, die Menschen in der Kommunikation mit einer göttlichen oder heiligen Macht oder Kraft erfahren. Das Prickeln ist somit ein Phänomen, das unsere Alltagswelt mit unseren spirituellen Bemühungen verbindet.

Wie entsteht eine Gänsehaut?

In der modernen westlichen Medizin gilt Gänsehaut (lat. *cutis anserina*) als Resultat eines neurophysiologischen Prozesses: Unser

Körper erfährt einen Sinnes- oder Gedankenreiz, der an das vegetative Nervensystem im Rückenmark weitergeleitet wird. Dort wird dieser Impuls verarbeitet und als Befehl über winzige Nervenleitungen an die Haarmuskeln gesendet, welche das Haar mit der Oberhaut verbinden. Diese Muskeln ziehen sich nun zusammen, wodurch das Haar senkrecht gestellt wird. So kommt es unmittelbar um das Haar herum zu kleinen Erhebungen, während im angrenzenden Bereich der Hautoberfläche eine Vertiefung erzeugt wird.

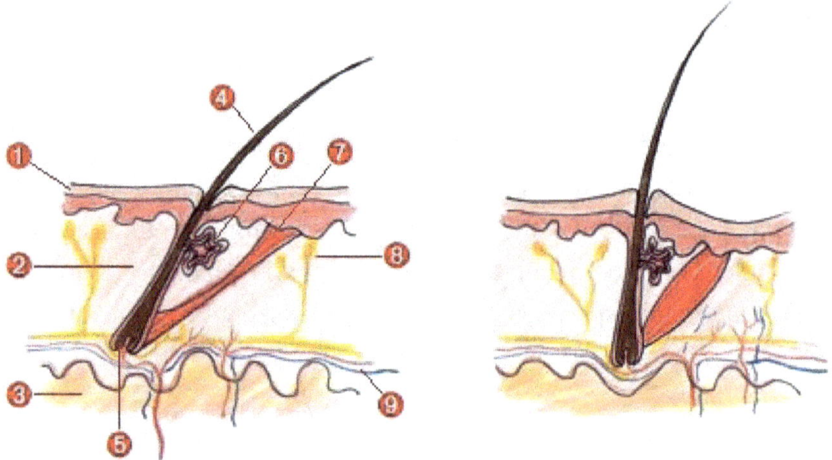

Bild 1: 1. Oberhaut (epidermis) mit abgestorbenen Zellen in der äusseren und neuen Zellen in der unteren Schicht; 2. Unterhaut (dermis); 3. Fettgewebe, schützt vor Stössen und Kälte; 4. Haar; 5. Haarbalg, von Nerven umgeben; 6. Talgdrüse, fettet das Haar zum Schutz gegen Nässe; 7. Haarmuskel (musculus arrector pili); 8. Nerven; 9. Blutgefässe. Quelle: Link[1].

„Gänsehaut" gilt in der Medizin als ein nicht willkürlich auslösbares Phänomen (obwohl Fälle einer willkürlichen Auslösung bekannt sind), sondern als unwillkürliche Reaktion, d.h. als Reflex.

Dieser wird durch das vegetative Nervensystem gesteuert, kann aber durch verschiedene Reize (Kälte, Elektrizität, Wärme) ausgelöst werden. Auch geht er oft mit anderen physiologischen Vorgängen und emotionalen Äusserungen einher, z.B. Herzklopfen, Rötung der Haut, hektisches Kichern, glückliches Lächeln, ängstliches Aufschreien etc.

Was ist nun die Bedeutung dieses Prickelns? Die gängige wissenschaftliche Antwort lautet: Gänsehaut hat für uns moderne Menschen keine Bedeutung. Es sei ein funktionslos gewordenes Überbleibsel einer Vorzeit, als die Menschen noch dicht behaart waren. Durch das Aufstellen der Haare hätten sich bei ihnen Zwischenräume gebildet, in denen Luftpolster den Körper vor Kälte schützten. Teilweise wird diese Erklärung ergänzt durch den Hinweis, das Aufstellen der Haare sei eine Drohgebärde: Denken wir etwa an eine Katze, deren Fell sich bei der Sichtung eines Feindes sträubt. Durch Gänsehaut würden Tiere (und früher auch der Mensch) im Angesicht einer Gefahr grösser und damit bedrohlicher wirken – womit die Chance steigt, den Feind kampflos in die Flucht zu schlagen.

Prickeln, Kunst und Emotionen

Dann ist das Prickeln also nur ein funktionslos gewordenes „Auslaufmodell“, das keiner weiteren Beachtung wert ist? Das mag für Mediziner stimmen, die die materielle physiologische Seite des Phänomens untersuchen. Wir aber, die wir versuchen, ein bewussteres spirituelles Leben zu führen, sollten dieses Phänomen über längere Zeit an uns selbst beobachten und ihm diejenige Bedeutung zuerkennen, die unserer eigenen Erfahrungen entspricht.

Wir wissen aus Erfahrung, dass wir nicht nur bei Kälte eine Gänsehaut kriegen, sondern auch in bestimmten emotionalen Situationen, seien sie angenehm oder unangenehm. Im deutschen Sprachgebrauch wird das „Frösteln", der „Schauer" oder „Schauder", der über den Rücken läuft, das Sträuben der Haare in „haarsträubenden" Situationen häufig negativ assoziiert. Auch unser Wort „Horror" von lat. *horrere*, wörtl. das „Emporsträuben (der Haare)", legt dies nahe. Die damit verbundenen Gefühle sind Angst, Panik, Ekel und Abscheu. Die Literatur macht sich dies durchaus zunutze: So sollen „Schauerromane" und „Horror-Stories" diesen Gefühlen gerecht werden und buchstäblich eine Gänsehaut erzeugen.

Ente mit Gänsehaut. Quelle: Link[2].

Doch wir kennen auch das Prickeln, das in schönen, erhabenen, überwältigenden Momenten unseren Körper angenehm durchströmt. In unserer Kultur waren und sind vor allem die Dichtung und die Musik jene Künste, die unseren Geist für diese Art von Fühlen zu öffnen vermögen. So finden sich viele Beispiele für das Prickeln als Ausdruck intensiver Gefühle und Gemütszustände wie Geborgenheit, Sehnsucht oder Melancholie. Vom Dichter E. T. A. Hoffmann (1776-1822) wurde einmal gesagt, er sei „in einer

Gänsehaut geboren worden". Und der deutsche Frühromantiker
Novalis (1772-1801) dichtet in den *Hymnen an die Nacht* (1800):

> „Unendlich und geheimnissvoll
> Durchströmt uns süsser Schauer –
> Mir däucht, aus tiefen Fernen scholl
> Ein Echo unsrer Trauer.
> Die Lieben sehnen sich wohl auch
> Und sandten uns der Sehnsucht Hauch."

Mehr noch gilt dies für die Musik, die wohl wie keine zweite
Kunst Zugang zu allen Menschen gefunden hat, egal welcher Kultur, Zeit und Gesellschaftsschicht. Zahlreich sind etwa die Belege
von klassischen europäischen Komponisten und Musikern, die
dieses Phänomen erwähnten. So schrieb der deutsche Komponist
Carl Maria von Weber (1786-1826) in einem Brief an seine Gattin
Caroline über eine Aufführung:

> „Du weisst wenn einen so die gewisse Gänsehaut über den Rücken läuft,
> da ist es das Wahre."

Es ist wohl kein Zufall, dass das Gebiet der Musik die einzige
Ausnahme ist, wo das Prickeln ausserhalb der Medizin wissenschaftlich untersucht wurde. Die Psychoakustik, eine Richtung der
Psychologie, stiess auf das Phänomen, als sie herausfinden wollte,
wie Musik Emotionen in Menschen verursachen kann. Die Ergebnisse kennen wir meistens aus eigener Erfahrung. Etwa, dass das
Prickeln sehr individuell ist und sich nicht zwanghaft durch ganz
bestimmte Klangmuster hervorrufen lässt, auch nicht in jedem
Fall durch die Wiederholung von Passagen, die zuvor schon ein
Prickeln zu erzeugen vermochten. Generell sind es aber harmonische Sequenzen, oft das Einsetzen einer Stimme, und v.a. der Beginn eines unerwarteten neuen Teils, die eine Gänsehaut auslöst.

Wenn dies passiert, erleben wir diese Musik als sehr schön bis überwältigend. Ausserdem wurde ein Geschlechterunterschied festgestellt: Frauen erleben dieses Prickeln eher als Männer. Interessant ist weiterhin, dass man in der Psychoakustik nicht der medizinischen Ansicht folgt: Die Forscher verstehen Gänsehaut weniger als ein unwillentlich gesteuerter Reflex auf bestimmte Sinnesreize, sondern sehen es v.a. als Resultat eines aufmerksamen, erlebnisreichen und bewussten Geniessens, in diesem Fall von Musik.

Prickeln bei Liebe und Sexualität

Gerade bei der Liebe und der Sexualität ist das Prickeln auf der Haut das Resultat eines bewussteren Erlebens. Westliche Literaten haben ihre Protagonisten vielfach einen „süssen Schauer" erleben lassen, als Reaktion auf den Anblick oder den Gedanken an ihre Angebeteten. So freut sich der italienische Liebesabenteurer Giacomo Casanova (1725-1798):

> „Wie man sich denken kann, vergass ich nicht den Advokaten Castelli, den Gatten meiner teuren Donna Lucrezia, die ich in Rom so sehr geliebt hatte. Ich sehnte mich danach, sie wiederzusehen und fühlte einen süssen Schauer bei dem Gedanken an die Wiedersehensfreude" (Casanova 1983-88).

Auch in der indischen Kultur ist das Prickeln als Erscheinung in einer Liebesbeziehung bekannt. Das Kamasutra zum Beispiel, das indische Lehrbuch der körperlichen Liebeskunst, lehrt eine bestimmte Art der Berührung, die das Prickeln auslösen soll:

> „Wenn mit diesen gut zusammengefügten (Nägeln) in der Gegend des Kinnes, an den Brüsten oder der Unterlippe eine leichte Bewegung

ausgeführt wird, ohne dass dabei eine Spur entsteht, und nur am Ende
infolge der blossen Berührung ein Sträuben der Härchen stattfindet und
aus dem Zusammenprallen ein Ton erwächst, so ist das das klingende
Mal" (Kamasutra, 4.10).

Prickelnde Berührung nach dem Kamasutra. Quelle: Link[3]*.*

Schliesslich kann das Prickeln auch beim Geschlechtsverkehr
selbst und v.a. beim Orgasmus erlebt werden. Und bei näherer Betrachtung zeigen sich Parallelen zwischen den beiden Empfindungen: Genauso wie ein Orgasmus lässt sich auch das Prickeln als
explosionsartige entspannende Entweichung von Energie begreif-
fen, welche auf eine Phase der Anspannung und der Ansammlung
erfolgt. Wie ein Orgasmus kann uns das prickelnde Gefühl beruhigen und beglücken und uns mit unserer Umwelt eins fühlen lassen. Der Psychologe J. Panksepp konnte sogar neurochemische
Ähnlichkeiten im Nervensystem bei einem Prickeln und bei einem
geschlechtlichen Orgasmus feststellen. Es ist daher nahe liegend,
das Phänomen als „Ganzkörperorgasmus" oder „Hautorgasmus"
zu bezeichnen. In neuerer Zeit ist zudem der Begriff „Orgasmus
fürs Gehirn" aufgetaucht, der das YouTube-Phänomen des ASRM

(Autonomous Sensory Meridian Response) begleitet. In diesen Videos sorgen flüsternde Stimmen und sanfte Geräusche und Bewegungen bei vielen Zuschauern für ein Prickeln – was beim Entspannen und Einschlafen helfen soll.

Prickeln bei der Suche nach Wahrheit und der Liebe zu Gott

Ist es möglich, dass solche Haut- oder Ganzkörperorgasmen von spirituellen Meistern, Ekstatikerinnen und Mystikern bewusst gefördert und anstelle der geschlechtlichen Orgasmen genossen werden? Jedenfalls haben Mystikerinnen und Mystiker vieler Kulturen und Zeiten den spirituellen Weg als Liebesbeziehung zu Gott begriffen und in ekstatischen Zuständen Empfindungen wie Frösteln, Schauer, Kribbeln und Prickeln erlebt.

Christliche und muslimische Mystiker erlebten das Phänomen als etwas, das mit unmittelbarer Erkenntnis verbunden ist und sie näher zu Gott bringt. Der Kirchenvater Augustinus schrieb Ende des 4. Jahrhunderts:

> „Da gelangte es (das Erkenntnisvermögen), plötzlich im heiligen Schauer schauend, zu dem, das ist. Nun sah und erkannte ich dein unsichtbares Wesen in deiner Schöpfung" (*Confessiones* 7, 17).

Und der Sufi-Mystiker al-Qusayri bezeichnet im 11. Jh. die Demut (arab. *tawadu*) als „die Gänsehaut, die das Herz plötzlich überläuft, wenn die Enthüllung der Wahrheit hereinbricht" (zitiert nach Hartmann 1914).

In den heiligen Schriften der Inder kommt die Gänsehaut in den Lehrbüchern wie in den Epen, Mythen und Legenden vor. Das

Yoga-Lehrbuch Gheranda-Samhita beispielsweise identifiziert das
Prickeln als Teil des Bhakti-Yoga-Weges. In den Geschichten
kommt das Phänomen oft bei grossen Helden und Yogis vor, so-
bald sie Gott erkennen oder von edlen gottgefälligen Taten hören.
In der Bhagavadgita beispielsweise sträuben sich die Haare von
Arjuna, dem grossen Helden und Krieger, als er die wahre Natur
seines Wagenlenkers, dem Gott Krishna, erkennt. Und im Bhagavata Purana heisst es:

„Wie kann das Herz von Befleckungen gereinigt werden ohne dass man
Hingabe übt? Und wie kann man von intensiver Hingabe sprechen,
wenn sich die Haare nicht emporsträuben, das Herz nicht von tiefster
Zuneigung erfüllt ist und die Freudentränen nicht über die Wange
rinnen?" (Bhagavata Purana, 11.14.23).

Arjunas Haare sträuben sich bei der Betrachtung der wahren Natur Krishnas. Quelle: Link[4].

Im buddhistischen Abhidharma (Pali: Abhidhamma), dem jüngsten und systematischen Teil des Pali-Kanons, begegnet uns das Prickeln etwa im Begriff des *priti*. *Priti* ist eine bestimmte Art von Glück und kennzeichnet die dritte Stufe von fünf Stufen oder

Gliedern, die den ersten Schritt der Meditation umfassen. *Priti* folgt auf das Stillwerden der Gedanken und ist eine den ganzen Körper durchdringende, überwältigende Freude, die zusammen mit einer angenehmen Sensation auftritt. Diese kann in der Intensität von einem leichten Schauder mit dem Aufstellen der Härchen bis zur völligen Verzückung reichen.

Schliesslich spielt das Prickeln eine Rolle in der Praxis des chinesischen „Sexual-Kung Fu". In dieser taoistischen Übungsserie, die die Sexualität mit der Entwicklung des Bewusstseins verbindet, muss die Sexualenergie, anstatt sie durch den Orgasmus wegzugeben, in verschiedene Bereiche des Körpers geleitet werden. Der Erfolg der Energietransformation durch körperliches und mentales „Höherleiten" zeigt sich durch ein Prickeln an der entsprechenden Stelle.

Wir sehen, dass das Prickeln in jeweils besonderen Zuständen der Kontemplation, des Gebets, der Meditation und der Ekstase erscheint. Daher treffen wir dieses Phänomen auch vermehrt bei solchen religiösen Praktiken an, die bewusst und gezielt mit Ekstasetechniken und Trance arbeiten. Dazu gehören schamanische, populärreligiöse, stammesreligiöse und mystische Richtungen. Berichte über ekstatische Zustände, bei denen Gänsehaut beobachtet wurde, sowie mythische Erzählungen, in denen das Phänomen erwähnt wird, gibt es meines Wissens aus dem indischen Bengalen, aus dem pazifischen Inselraum, aus Amerika, Sibirien und Malaysia.

Auf der mikronesischen Inselgruppe Chuuk (Pazifik) beispielsweise ist die Gänsehaut ein Hinweis, dass das Medium von einem guten Geist besessen ist. Ergreift dagegen ein böser Geist von ihm Besitz, wird es schläfrig, schwach und muss Medizin einnehmen.

In der indigenen amerikanischen und sibirischen Spiritualität gilt das Prickeln oft als Anzeichen für die Präsenz nicht-menschlicher Mächte und ist mit bestimmten transformativen Prozessen verbunden. In der Geschichte von Vandaih etwa, einem Mythos der nordamerikanischen Pima-Indianer, verwandelt sich ein Mann über die Gänsehaut in einen Adler. Und nach einer Legende der ostsibirischen Lamut springt ein Mann aus Kummer in einen Fluss, erlebt im Wasser eine Gänsehaut und findet Zugang zu einer anderen Welt.

Guter oder böser Geist? Mikronesische Kunst. Quelle: Link[5].

Wenn wir den Blick auf den spirituellen Bereich im modernen Europa richten, stellen wir fest, dass es auch hier Beispiele für eine alternative Wahrnehmung der Gänsehaut gibt. Beispielsweise befasste sich der Theologe und Mystiker Rudolf Otto mit dem „Numinosen", einem Gefühl, das allen religiösen Erfahrungen zugrunde liegen soll. Dieses Numinose besteht für ihn u.a. im Prickeln und veranlasst ihn zur Aussage, dass die Gänsehaut etwas Übernatürliches sei. Später hat der österreichische Psychoanalytiker Wilhelm Reich das Prickeln in einem gesundheitlichen und spirituellen Sinn gedeutet. Er nannte es „vegetatives Strömen", „bioelektrisches Strömen" und ab 1949 „plasmatisches Strömen". Es ist die unmittelbare Wahrnehmung jener lebendigen Energie, die er „Orgon" genannt hat und die wichtiger Bestandteil seiner Therapien war. Jürgen Fischer, der Reichs Werk in Deutschland weiterführt, schreibt über dieses Strömen:

> „Das plasmatische Strömen ist die reine Erfahrung kosmischen Glücks, die körperliche Erfahrung von Angstfreiheit, die sinnlich nachvollziehbare Erfahrung von charakterlichem Gesund-Sein, von emotioneller Präsenz, von Friedlichkeit, von Freude. Es ist die Erfahrung von Lebendigsein" (Fischer 2000).

Das Prickeln aus der Sicht des Sehers Nestor

Wir haben es also mit einem universellen menschlichen Phänomen zu tun, das Menschen zu allen Zeiten in vielen Kulturen erlebt und unterschiedlich interpretiert haben. Universell scheint das Phänomen auch deshalb zu sein, weil es in vielen verschiedenen Situationen vorkommt, verbunden mit vielen verschiedenen Sinnesreizen, Gefühlen und Gedanken. Wie können wir dieses Prickeln nun verstehen, das in dieser Hinsicht so unfassbar scheint?

Für den mir bekannten, im Schweizer Emmental lebende Seher
Nestor kommt dem Prickeln eine Schlüsselrolle in der Bewusst-
seinsentwicklung zu. Er interpretiert dieses Gefühl als „reine
Energie, die aus dem Körper in das Bild als ein Ganzes fliesst“.
Was heisst das? Mensch zu sein bedeutet für Nestor, in jedem
Moment Energie umzuwandeln. Wir nehmen also unablässig
Energie in verschiedenster Form auf und geben sie wieder ab –
auf der körperlichen, emotionalen und gedanklichen Ebene.

Für Menschen, die spirituell leben wollen, ergibt sich mit diesen
Formen des Energieumsatzes ein Problem: Körperliche Handlun-
gen, Gefühle und Gedanken, seien sie noch so ideal und liebevoll,
haben stets den Nachteil, dass sie mit bestimmten Absichten und
Erwartungen verbunden sind und sich immer nur auf eine bestimmte Person, eine bestimmte Situation, einen bestimmten Gegenstand richten, d.h. uns an eine Realität binden, die wir inner-
lich ja überwinden wollen. Bewusstseinsentwicklung bedeutet
aber, dass wir je länger je mehr fähig werden, Energie auf eine
Weise abzugeben, die sich an unsere Umgebung als Gesamtes
richtet und nicht mehr durch unsere Vorlieben und Abneigungen
beeinflusst wird – ein energetisches Geschenk also an alle und
alles gleichermassen. Diese Form der Energieabgabe besteht
darin, Energie direkt aus dem Körper an die Umgebung fliessen
zu lassen. Das Gefühl, das dabei entsteht, ist eben dieses
ekstatische Prickeln, bei dem sich die Härchen sträuben.

Nun sind solche prickelnden Momente zu Beginn eher selten.
Hinzu kommt, dass wir das Prickeln nur kurz und nicht sehr inten-
siv erleben, eher als ein Kribbeln, oft noch begleitet von einem
Frösteln und Zittern. Durch die richtige Ernährung, Bewegungen,
Atemübungen, Meditation und andere körperliche und geistige
Praktiken erhöhen wir den Energieumsatz und beseitigen innere

Blockaden. Kann diese Energie vermehrt fliessen, wird ein Prickeln leichter und häufiger ausgelöst, dauert länger und durchströmt immer grössere Körperpartien. Mit anderen Worten: Dieses Prickeln lässt sich in seiner Intensität entwickeln, bis hin zu jenem langen und am ganzen Körper erlebten Energierausch, den Nestor „Ganzkörperorgasmus" oder „Ekstase" (gr. *ekstasis*, das Austreten oder Aus-sich-heraus-treten) nennt. Dabei zeigt sich auch die spirituelle Dimension der Ekstase: Nicht nur befreit sie uns wie das Prickeln von Emotionen und Abhängigkeiten, macht uns präsent und entspannt und beglückt uns. Sie bewirkt zudem eine Bewusstseinsveränderung in uns, die sich unter anderem als visuelle Veränderung bemerkbar macht. Nestor berichtet davon, dass durch die Ekstase alle Phänomene in seinem Blickfeld näher, leuchtender und schärfer, insgesamt also intensiver erscheinen. Diese intensive körperliche Glückseligkeit wird zudem begleitet von spirituellen Einsichten und dem Gefühl des absoluten Daseins.

Literatur

Augustinus, Aurelius: *Confessiones* (Übers. von Georg Rapp, Stuttgart 1838). *Philosophie von Platon bis Nietzsche* (Digitale Bibliothek Bd. 2). Berlin: Directmedia 1998

Becker, Judith O. (2004): *Deep Listeners: Music, Emotion and Trancing.* Info University Press

Bogoras, Waldemar (1918): *Tales of Yukaghir, Lamut, and Russianized Natives of Eastern Siberia* (Anthropological Papers of The American Museum of Natural History, Bd. XX, Teil 1). New York

Casanova, Giacomo (1983-1988): *Geschichte meines Lebens* (12 Bde.). Leipzig: Kiepenheuer

Chia, Mantak (1985): *Tao-Yoga der Liebe.* Darmstadt

Figge, Horst H. (1973): *Geisterkult, Besessenheit und Magie in der Umbanda-Religion Brasiliens.* K. Alber

Fischer, Jürgen (2000): *Energie – Meditation – Ekstase. Ein Kurs in Wahrnehmung.* Himberg

Goodenough, Ward H. (2002): *Under Heaven's Brow. Pre-Christian Religious Tradition in Chuuk.* Philadelphia

Grewe, Oliver u.a. (2005): „How Does Music Arouse ‚Chills'? Investigating Strong Emotions, Combining Psychological, Physiological, and Psychoacoustical Methods". *Neurosciences and Music III: From Perception to Performance.* Annals of the New York Academy of Sciences 1060: 446-449

Guenther, Herbert V. (1974): *Philosophy and Psychology in the Abhidharma,* Delhi

Hartmann, Richard (1914): *Das Sufitum nach Al-Kuschairi.* J. J. Augustin

Lloyd, J. W. (1911): *Aw-aw-tam Indian Nights. Myths and Legends of the Pima.* Westfield

McDaniel, June (1989): *The Madness of the Saints. Ecstatic Religion in Bengal.* Chicago

„Orgasmus fürs Gehirn". *Welt.de.* welt.de/print/welt_kompakt/webwelt/article137839158/Orgasmus-fuers-Gehirn.html (1.9.19)

Otto, Rudolf (1963): *Das Heilige. Über das Irrationale in der Idee des Göttlichen und sein Verhältnis zum Rationalen.* München

Panksepp, J. (1995): *„The emotional sources of „chills" induced by music".* Music Perception 13, Nr. 2: 171-207

Shafii, Mohammad Shafii (1985): *Freedom from the Self: sufism, meditation and psychotherapy.* Human Sciences Press

Sinha, Jadunath: Indian Psychology: Cognition; *Emotion and Will; Epistemology of Perception* (3 Bde.), Kalkutta 1969

Tausin, Floco: *Mouches Volantes. Die Leuchtstruktur des Bewusstseins,* Bern 2004

„Warum bekommt man in besonders bewegenden Momenten eine Gänsehaut?" *Spektrum.de.* spektrumdirekt.de/artikel/591742 (1.9.19)

Links

Link[1]: tip-top.de/de/TipTop/isdn/html/gansehaut.html (2007)

Link[2]: welt.de/kultur/article128434071/Dagobert-ist-ein-Fetischist-kein-Kapitalist.html (1.9.19)

Link[3]: trendpickle.com/kamasutra-indian-conception-on-bodily-gratification (1.9.19)

Link[4]: pinterest.com/pin/563653709588106174 (1.9.19)

Link[5]: yapartstudioandgallery.com/__legends-info.htm (2007)

- sternenkreis.de/heidentum/schamanismus/schamanismus.htm (2007)

Über den Autor

Floco Tausin

floco.tausin@mouches-volantes.com

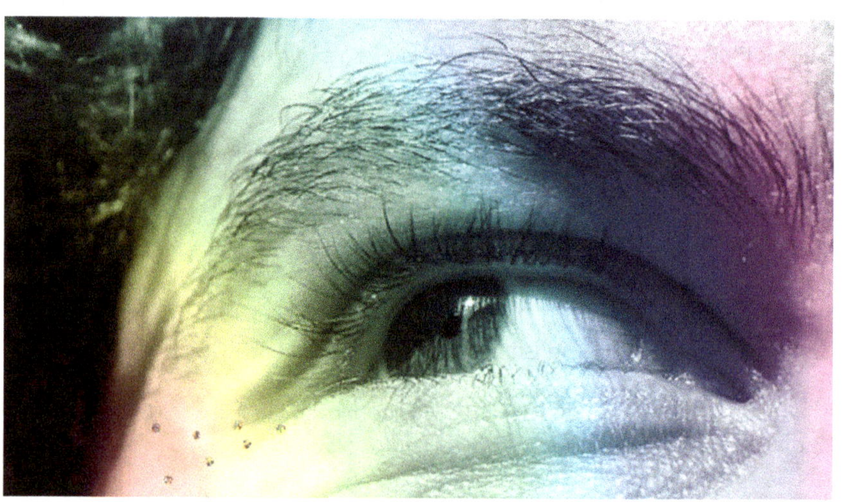

Der Name Floco Tausin ist ein Pseudonym. Der Autor promovierte an der geisteswissenschaftlichen Fakultät der Universität Bern und befasst sich in Theorie und Praxis mit der Erforschung subjektiver visueller Phänomene im Zusammenhang mit veränderten Bewusstseinszuständen und Bewusstseinsentwicklung. 2004 veröffentlichte er die mystische Geschichte „Mouches Volantes"

über die Lehre des im Schweizer Emmental leben den Sehers
Nestor und die spirituelle Bedeutung der Mouches volantes.

Angaben zum Buch:
Mouches Volantes – Die Leuchtstruktur des Bewusstseins
siehe: mouches-volantes.com/buch/buch.htm

Bereits den alten Griechen bekannt, von heutigen Augenärzten als
harmlose Glaskörpertrübung betrachtet und für viele Betroffene
ärgerlich: Mouches volantes, Punkte und Fäden, die in unserem
Blickfeld schwimmen und bei hellen Lichtverhältnissen sichtbar
werden.
Die Erkenntnis eines im schweizerischen Emmental lebenden
Sehers stellt die heutige Ansicht radikal in Frage: Mouches
volantes sind erste Teile einer durch unser Bewusstsein gebildeten
Leuchtstruktur. Das Eingehen in diese erlaubt uns Menschen, mit
dem Bilde eins zu werden.

*Mouches volantes: Glaskörpertrübung oder Bewusstseinsstruk-
tur? Eine mystische Geschichte über die nahe (f)liegendste Sache
der Welt.*